HALLOWEEN MALBUCH

Urheberrecht © 2020 von Bee Art Press
Alle Rechte vorbehalten. Dieses Buch oder Teile davon dürfen ohne ausdrückliche
schriftliche Genehmigung des Herausgebers weder reproduziert noch in
irgendeiner Weise verwendet werden, mit Ausnahme der Verwendung von kurzen
Zitaten in einer Buchbesprechung.

TRICK OR TREAT

BOO!

HAPPY
HALLOWEEN

HAPPY HALLOWEEN!

TRICK
OR
TREAT!

TRICK OR TREAT!

HAPPY
HALLOWEEN

HAPPY
HALLOWEEN!

HAPPY HALLOWEEN!

www.ingramcontent.com/pod-product-compliance
Lightning Source LLC
Chambersburg PA
CBHW081359160726
48000CB00010B/3416